NATIONAL GEOGRAPHIC

Símbolos de
LIBERTAD

EDICIÓN PATHFINDER

Por Frank Mills y Meg Runyan

CONTENIDO

El rostro de

la libertad

Símbolo perdurable de la libertad y la democracia, la Estatua de la Libertad ha dado la bienvenida a los inmigrantes a los Estados Unidos durante más de cien años. Haz una visita guiada a la señora Libertad y descubre por qué perdura su poder.

Por Frank Mills
Subdirector encargado del Monumento
Nacional de la Estatua de la Libertad

El lugar perfecto. *El artista Frédéric-Auguste Bartholdi eligió esta isla en el puerto de Nueva York para su famosa estatua.*

VIVO Y TRABAJO en uno de los lugares más interesantes del mundo: la Estatua de la Libertad. Me enorgullece mucho cuidar de esta gran dama verde. Ayudo a garantizar que se encuentre en forma para los miles de personas que vienen a verla todos los días.

Eso es importante. Después de todo, la señora Libertad es más que una **atracción turística**; es un símbolo fundamental de los Estados Unidos.

La estatua representa el derecho de los estadounidenses de ser libres. Inaugurada el 28 de octubre de 1886, fue un regalo de amistad del pueblo francés. La idea de la estatua provino de un hombre que creía que los Estados Unidos era un ejemplo brillante de la **democracia** en funcionamiento. En la actualidad, la Estatua de la Libertad sigue siendo un símbolo de esa idea.

Ven a Liberty Island (Isla de la Libertad) para echarle un vistazo a este amado símbolo estadounidense.

Te presento a la señora Libertad

Para llegar a Liberty Island, debes tomar un ferri desde Nueva York o Nueva Jersey. Allí, me encontraré contigo y caminaremos alrededor de la isla hasta quedar de frente a la estatua.

Tendrás que inclinar la cabeza hacia atrás para verla, porque la señora Libertad es enorme. Con 46 metros (151 pies) de altura, es la estatua de metal más alta del mundo.

Para comenzar, miremos la mano izquierda de la Libertad, que sostiene una tablilla. En la tablilla figura el cumpleaños de nuestra nación: 4 de julio de 1776.

Ahora, mira el brazo derecho de la señora Libertad y síguelo hacia el cielo. Verás una antorcha con una llama dorada. La antorcha **representa** la luz de la libertad. De hecho, el nombre original de la estatua era "La libertad **iluminando** al mundo".

Ahora echa un vistazo a la corona que la Libertad lleva en la cabeza. Hay siete rayos como los del sol que salen de ella. Representan a la libertad que brilla en los siete continentes de la tierra.

Es difícil de verlas desde el suelo, pero hay cadenas rotas debajo de las sandalias de la señora Libertad. Simbolizan la liberación de la **tiranía**. La tiranía es cuando un dirigente tiene todo el poder y el pueblo no tiene ningún poder.

Ahora, entremos al museo que se encuentra en la parte inferior del pedestal, o base.

La historia de la estatua

En el museo, verás una copia de tamaño real del pie de la Libertad. ¡Calza 879! Como el resto de la estatua, el pie está hecho de cobre.

Hacer la estatua llevó más de 300 hojas de cobre, que los trabajadores de Francia martillaron a mano. El pueblo francés estaba tan entusiasmado con la estatua que, de hecho, pagaron para observar a los trabajadores. Cuando el minucioso trabajo estuvo terminado, el metal tenía un espesor de dos peniques.

Después de terminar la estatua, los trabajadores la embalaron en 214 cajones y los cargaron en un barco que partía hacia los Estados Unidos. Las personas de los Estados Unidos, incluidos los niños, donaron dinero para construir el pedestal en el que se encuentra la estatua. Una niña llegó a vaciar su alcancía y a donar todo el dinero.

Ensamblar la estatua fue como armar un rompecabezas gigante, y resolverlo llevó meses. Dado que algunas piezas estaban mal rotuladas, los trabajadores a veces probaban 20 piezas diferentes antes de encontrar la correcta.

Metal viejo, significados nuevos

Ahora salgamos al balcón, que da toda la vuelta alrededor del pedestal. Desde aquí, puedes ver muchísimos barcos en el puerto de Nueva York.

En el momento en el que se construyó la señora Libertad, los barcos del puerto transportaban millones de inmigrantes que venían a vivir a los Estados Unidos. Mi madre fue uno de ellos. La señora Libertad fue una de las primeras cosas que vio. Para mi madre y muchos otros, la estatua simbolizó la esperanza de una nueva vida y una tierra nueva.

Más recientemente, después de los atentados del 11 de septiembre de 2001, observé como la señora Libertad adoptaba un nuevo papel. Este símbolo de libertad y democracia reconfortaba y tranquilizaba a los visitantes. "Estados Unidos sigue de pie", parecía decir. "Todavía somos libres; todavía somos fuertes".

Cuando los visitantes veían la estatua, las lágrimas se transformaban en sonrisas. No puedo decirte las veces que vi suceder esto. ¡Ese es el poder de la señora Libertad!

Construyendo la libertad. *Esta pintura muestra a la señora Libertad cuando la construían en París, Francia.*

Bueno, ahora has visto la estatua y has escuchado su historia. Espero que te des cuenta de por qué significa tanto para mí, y para los Estados Unidos.

Vocabulario

atracción turística: algo interesante que las personas quieren ver o hacer

democracia: forma de gobierno en la que las personas votan para elegir a sus líderes

iluminar: dar conocimiento o entendimiento

representar: ser un signo o un símbolo de algo

tiranía: forma de gobierno en la que decide una sola persona

de los Estados Unidos

Aproximadamente a 230 millas al sur de la Estatua de la Libertad, se encuentra Washington, D.C., la capital de la nación. Tal como la señora Libertad, la capital y sus monumentos sirven de inspiración a millones de personas. ¡Aproximadamente 16 millones de personas vienen de visita cada año!

La mayoría se dirige a los lugares que se muestran en este mapa. Hay muchas atracciones turísticas entre el Monumento a Lincoln (extremo izquierdo) y el Capitolio de los Estados Unidos (extremo derecho). Si visitaras la ciudad, ¿qué lugares te gustaría ver? ¿Por qué?

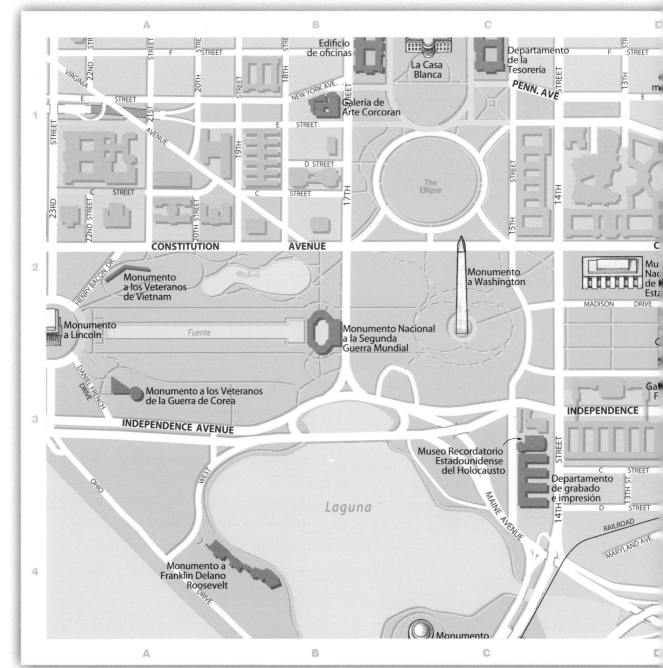

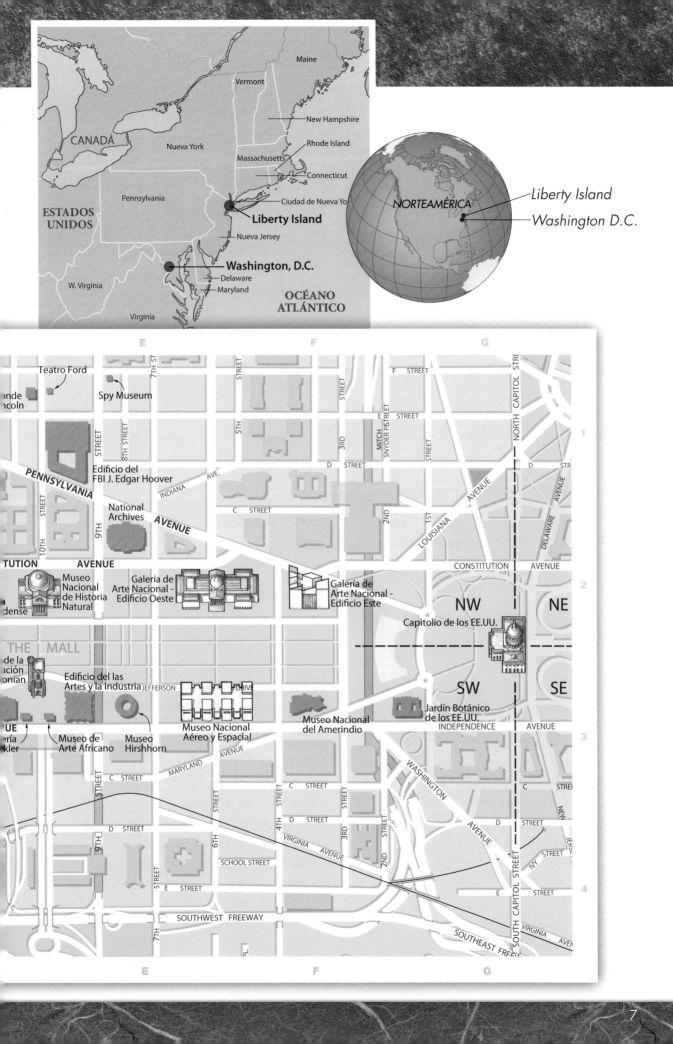

Maine
Vermont
New Hampshire
CANADÁ
Nueva York
Rhode Island
Massachusetts
Connecticut
Ciudad de Nueva Yo
ESTADOS
UNIDOS
Pennsylvania
Liberty Island
Nueva Jersey
Washington, D.C.
Delaware
W. Virginia
Maryland
OCÉANO
ATLÁNTICO
Virginia

NORTEAMÉRICA
Liberty Island
Washington D.C.

Teatro Ford
onde
ncoln
Spy Museum
7TH ST
STREET
F STREET
NORTH CAPITOL STRI
STREET
5TH
3RD
E STREET
PENNSYLVANIA
Edificio del
FBI J. Edgar Hoover
8TH STREET
STREET
D STREET
MITCH SNYDER STREET
STREET
1
INDIANA AVE.
National
Archives
AVENUE
9TH
C STREET
2ND
1ST
LOUISIANA
AVENUE
DELAWARE AVENUE
D STR
10TH STREET
TUTION AVENUE
CONSTITUTION
AVENUE
2
Museo
Nacional
de Historia
Natural
dense
Galería de
Arte Nacional -
Edificio Oeste
Galería de
Arte Nacional -
Edificio Este
NW
NE
Capitolio de los EE.UU.
THE MALL
de la
ción
onian
Edificio del las
Artes y la Industria
JEFFERSON
DRIVE
SW
SE
UE
ría
kler
Museo de
Arte Africano
Museo
Hirshhorn
Museo Nacional
Aéreo y Espacial
Museo Nacional
del Amerindio
Jardín Botánico
de los EE.UU.
INDEPENDENCE
AVENUE
3
MARYLAND
AVENUE
C STREET
C STREET
C STREET
C STREET
STREET
4TH STREET
3RD STREET
WASHINGTON
STREET
NEW
STRE
9TH
D STREET
D STREET
D STREET
6TH
VIRGINIA AVENUE
2ND
AVENUE
SOUTH CAPITOL STREET
IVY STREET
STREET
JEFFE
SCHOOL STREET
E STREET
E STREET
STREET
7TH
SOUTHWEST FREEWAY
SOUTHEAST FREE
VIRGINIA AVEN

E
F
G

Explorando Washington, D.C.

Por Meg Runyan

Durante siglos, la gente ha venido a los Estados Unidos en busca de una nueva clase de gobierno. Únete a la joven exploradora Meg Runyan en su recorrido del centro de ese gobierno: Washington, D.C.

Invitación a la aventura

Mis amigos estaban de pie en la parada del autobús cuando pasé con mi mamá. No pude evitar sonreír. Iban a la escuela y yo no.

Estaba a punto de pasar tres días explorando Washington, D.C. La aventura hizo que la historia y las ciencias sociales cobraran vida. Aquí están los puntos destacados de mi viaje.

El corazón de la ciudad

Washington tiene muchos lugares importantes pero el Capitolio es el centro de la ciudad.

Lo primero que me llamó la atención del Capitolio fue la gran cúpula blanca. Me imaginé que la cúpula era de piedra porque muchas cosas en Washington lo son: ¡me equivoqué! La cúpula en realidad está hecha de nueve millones de libras de hierro.

Debajo de la cúpula hay un gran salón circular llamado Rotonda. La habitación está decorada con pinturas históricas en honor a estadounidenses famosos.

Allí hay una estatua especialmente interesante del decimosexto presidente, Abraham Lincoln. Según lo que se cuenta, el presidente Lincoln detestaba posar para que le hicieran retratos. Pero como escuchó que la artista a quien encargaron la estatua era pobre, decidió ayudarla a ganar algo de dinero.

El Capitolio de los Estados Unidos

Legisladores

Todas esas estatuas y cuadros son geniales, pero no son el motivo por el cual el Capitolio es importante. Este famoso edificio alberga al Congreso, la rama del gobierno que dicta las leyes de los Estados Unidos.

El Congreso tiene dos partes: el Senado y la Cámara de Diputados. El Senado tiene 100 miembros, dos de cada estado. La Cámara de Diputados tiene 400 miembros, con diferente cantidad de miembros por estado, de acuerdo con la población del estado.

Los senadores y los diputados tienen trabajos exigentes porque ayudan a dictar las leyes que todos seguimos en los Estados Unidos. Toda ley comienza como **proyecto de ley**. Si por lo menos la mitad de los miembros del Congreso votan por aprobarlo, el proyecto pasa al presidente.

Si el presidente aprueba el proyecto, este se convierte en ley. Si lo rechaza, o lo **veta**, el Congreso puede volver a votarlo. Si dos tercios de cada Cámara lo aprueban, entonces el proyecto se convierte en ley.

Meg visita al ex senador Jeffords.

Monumento a Washington

El caballero de Vermont

Mientras estaba en el Capitolio, conocí al exsenador, Jim Jeffords, de Vermont.

Su meta ha sido "garantizar que los Estados Unidos haga lo más apropiado" para sus habitantes. Jeffords quiere que todos los niños reciban una buena educación y cree firmemente en proteger el medioambiente.

Aprendí que dictar leyes no es fácil. Los legisladores tienen diferentes ideas sobre lo que necesita el país, y se requieren mucho trabajo y paciencia para lograr que se pongan de acuerdo.

El exsenador Jeffords me dijo que, cuando se sentía desanimado, miraba por la ventana de su oficina. Ver la cúpula del Capitolio siempre **inspiraba** a Jeffords y le recordaba que se pueden hacer muchas cosas.

Un día con los Presidentes

Por supuesto, Washington es un excelente lugar para aprender sobre nuestros presidentes. Por toda la ciudad, los **monumentos** ayudan a los visitantes a recodar a líderes importantes.

Comenzamos en el Monumento a Franklin Delano Roosevelt. Después de recorrer el monumento, mamá y yo decidimos alquilar un bote a pedal.

Desde el bote, tuvimos una vista excepcional del Monumento a Jefferson. En el centro del monumento hay una estatua de Thomas Jefferson, nuestro tercer presidente y el autor principal de la Declaración de la Independencia.

Desde el agua, también vimos el Monumento a Washington. Cuando se terminó de construir en 1884, era la estructura más alta del mundo. Incluso en la actualidad, el Monumento a Washington se eleva por encima de la ciudad.

Me parece bien. Después de todo, no hay nadie más que ocupe el mismo lugar en la historia de los Estados Unidos. George Washington fue el primer presidente de los Estados Unidos, y decidió dónde debía construirse la ciudad capital.

Monumento a Jefferson

La casa del Presidente

Nuestra siguiente parada fue la Casa Blanca, que ha sido el hogar del Presidente desde 1800.

La Casa Blanca ha sufrido muchos cambios con el correr del tiempo. Tal vez el más grande se produjo durante la Guerra de 1812, cuando los Estados Unidos e Inglaterra se estaban peleando.

En agosto de 1814, las fuerzas británicas invadieron Washington, D.C., y el presidente James Madison y su esposa huyeron de la ciudad. A continuación, las tropas británicas incendiaron la Casa Blanca.

Por lo que luego se la tuvo que reconstruir casi por completo, lo que dio como resultado la creación de las partes más antiguas del edificio que hoy conocemos.

La Casa Blanca de noche

¡¿Ya se terminó?!

Desearía tener más tiempo para explorar la Casa Blanca y todas las asombrosas partes de Washington, D.C. Sin embargo, mi viaje me ha brindado un entendimiento más profundo de cómo funciona Estados Unidos y me hizo sentir **orgullosa** de formar parte de este gran país.

Monumento a Lincoln

Vocabulario

inspirar: hacer que alguien sienta una emoción o un sentimiento positivo

monumento: estructura construida para que las personas recuerden a una persona o un evento

orgulloso: que demuestra respeto por sí mismo

proyecto de ley: ley propuesta

vetar: rechazar una ley propuesta

Construidos para inspirar

Usa la inspiración para responder estas preguntas sobre monumentos de los Estados Unidos.

1 ¿Cómo obtuvo Estados Unidos la Estatua de la Libertad? ¿Qué representan la antorcha y la corona?

2 Menciona dos maneras en las que la Estatua de la Libertad ha inspirado a las personas.

3 El Presidente de los Estados Unidos puede vetar leyes. ¿Qué significa vetar?

4 ¿Cómo cambió a Meg Runyan su visita a Washington, D.C.?

5 ¿En qué se parecen la Estatua de la Libertad y Washington, D.C.? ¿En qué se diferencian?